En Basse Bretagne

Guide Illustré

l'Odet

QUIMPER

HOTEL DE L'ÉPÉE

J. Lemordant. — Pardon breton

Décoration pour l'Hôtel de l'Épée, à Quimper (fragment)

[2]

La Rivière " Odet "

MANOIR DE KÉRAVAL.

L'ODET, avec les aspects variés de ses quatre lieues de rives, de Quimper à la baie des Glénans, est la plus pittoresque de ces rivières maritimes qui découpent, comme de véritables fiords, toute la côte Sud du littoral breton.

Sur ses bords, tantôt mollement inclinés, tantôt brusquement escarpés, boisés de grands arbres : Conifères, Hêtres et autres essences forestières, à la végétation puissante, où de légers rideaux le long des prairies, sur ses bords surgissent çà et là, solidement assis ou seulement accrochés, découverts ou mi-enveloppés dans leur cadre de verdures mouvantes, une succession de Manoirs, dont quelques-uns apparaissent comme des Châteaux de Légende.

Et ces Manoirs, les uns en apparence frêle et gaie, si près de la rivière, qu'ils se mirent dans ses eaux, les autres qui ont cette rudesse plaisante de l'architecture bretonne, couronnant des tertres ou fermant de longues coulées, n'ont pas l'aspect artificiel et truqué de ces Châteaux forts des bords du Rhin, de ces Châteaux forts qui semblent de carton pâte ou de ciment armé.

Si vous visitez cette partie de la Bretagne, ne manquez pas de remonter la rivière de Quimper " l'Odet " de Bénodet à Quimper, sur le canot automobile qui assure ce service. Cette excursion vous laissera une autre impression que celle si vantée de Dinard à Dinan, par la Rance, dont le cadre vert et calme de ses rives n'a pas le pittoresque des bords de l'Odet.
Albert Maumené,

Rédacteur en chef de La Vie à la Campagne.

Extrait de l'Étude descriptive publiée par *La Vie à la Campagne*, sur le **Château de Kéraval**.

De Quimper à Bénodet par le " Terfel "

MANOIR DE KERDOUR

On dit que les bords du Rhin sont merveilleux, mais c'est un peu loin de notre Bretagne.

La vallée de la Loire, de Tours à Nantes, est d'une beauté grandiose, mêlée de grâce et d'harmonie; mais désormais, il est rare que l'on descende la Loire en bateau; le voyage par voie ferrée est plus rapide et offre les mêmes horizons.

Un parcours très vanté, c'est celui de la Rance. Je me souviens d'avoir fait le trajet de Dinan à Saint-Malo par une belle soirée d'août, en 1873, j'ai vu des sites très pittoresques, puis j'ai joui du coup d'œil le plus merveilleux, en arrivant devant le vaste estuaire qui sépare Saint-Servan de Dinard, au moment où le soleil se couchait dans les flots derrière le Grand-Bey; mais j'avoue, à ma honte, que je n'aurai plus le courage de me déplacer pour refaire ce voyage.

En Basse-Bretagne nous avons tout-à-fait à notre portée, un trajet aussi agréable, aussi riant, plus varié, plus gracieux, c'est l'excursion de Quimper à Bénodet, la descente de la rivière par le bateau automobile *Terfel*.

Depuis vingt ans, je résidais à Quimper; chaque été je me proposais de descendre la rivière, et chaque année une raison, un dérangement ou un prétexte quelconque m'empêchait de réaliser mon projet; enfin, la vingt-unième année, les circonstances me favorisèrent et me permirent de le mettre à exécution. Je fis le trajet une première fois et il me charma si bien que je le recommençai bientôt, puis encore plus tard, tout en me promettant de le renouveler encore.

Chanoine J.-M. ABGRALL,
Correspondant de la Commission des Monuments Historiques.

LE PORT DE QUIMPER, A MARÉE BASSE

LANNIRON

LE DOURDY

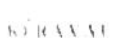

KÉRANNA

POULGUINAN

[7]

mont Frugy; leur feuillage opaque garantit la fraicheur aux Allées de Locmaria, qui s'arrêtent au portail de l'humble église Romane, ridée, moussue, tassée comme une vieille.

Le Cap Horn : Mon Dieu oui! Sur la droite... Cette cale qui termine le quai alors que s'amorce le remblai du chemin de ha-

PORZ-GUIN

lage, c'est le cap Horn..., ou la fin du monde? La fin de Quimper tout au moins!

Le *Terfel* accroît son allure; la rivière s'élargit et derrière nous déjà s'estompent à l'horizon les silhouettes des maisons du Parc, surmontées par les flèches gothiques de la cathédrale édifiée à la gloire de Saint-Corentin.

L'Odet décrit désormais une large courbe en arc de cercle.

L'arc, c'est le chemin de halage, promenade favorite des Quimperois, qui, au bout de trois kilomètres, s'achève à la pointe du Corniguel.

Derrière ce remblai, presque au-dessous du niveau de la rivière, se trouvent des marécages au limon fertile, jalousement disputés à l'inondation par de subtils drainages.

Le Vélodrome municipal et le Stand du Tir pour la troupe sont les principaux conquérants établis en ces lieux.

PORZ-GUEN — HIVER 1908-1909

KERGUENEZ — LA POINTE DES TROIS-LOUPES

A-t-on suffisamment contemplé ce paysage quasi hollandais, que les yeux, orientés vers la rive gauche de la rivière, découvrent et admirent la puissante végétation des bois de Poulguinan, dans le mystère desquels se devine à ses tours crénelées un vieux manoir aux flancs sortis d'un lierre inaltérable.

... Non loin, pittoresquement précédé d'une terrasse à l'Italienne que baigne au pied la marée haute, le château de Lanniron apparaît, simple, délicat..., presque grandiose et assurément authentique.

Un vieux chemin breton serpente tortueux jusqu'à la grève : un char s'y embourba jadis; La Fontaine l'a conté..., peut-être s'y trouve-t-il encore....

Mais le *Terfel* poursuit sa marche régulière. Il vient de doubler les pointes successives du Corniguel et de Rosorquer, et tel un grand oiseau blanc, surgit au milieu de la baie de Kérogan, à l'entrée du Lédanou, semant l'épouvante dans les bandes de goëlands qui, interrompant leur pêche miraculeuse de mulets et de « vieilles » multicolores, s'enfuient à tire d'ailes, croassant lugubrement.

Une ligne monotone de pins maritimes nous repose d'un excès de végétation. Après le fjord Norvégien, sera-ce la côte sévère des Landes qui borde le golfe de la Gascogne ?

Non pas; à main droite, au fond du lac du Lédanou, c'est, mieux que jamais, la Bretagne bretonnante, ses chênes géants, ses pommiers rabougris, ses châtaigniers aux torses blancs et sveltes.

LANROZE — LA POINTE DE KERBERNEZ

Un vieux pont de pierre, près d'un lavoir propice aux sortilèges des lavandières de nuit, se devine au lointain.

De la toison touffue des arbres émergent les toits pointus de l'antique manoir de Kéraval, avec ses fenêtres à la Mansart, puis, tandis que le Lédanou se rétrécit et que les rivages se rapprochent, sur un fond roux de hêtres se détache, gracieux et pittoresque, le castel de Kerdour.

La rivière s'enfonce peu à peu entre des collines boisées, aux têtes rondes. Les flots de l'Odet jouent dans la dentelle des criques et des anses, enlacent les " Trois Tourtes " posées par la Nature sur la grève, avec d'inconscientes attitudes de Dieux Termes, lèchent la ceinture en sable doré de l'ilot minuscule qui précède Kerbernez, puis vont, soit mourir aux berges ombragées de hàvres exigus, soit se briser aux cales blanches de Porz-Meillou et de Porz-Guin où s'effritent des tas de sable, sur lesquels sèchent des filets.

L'onde glauque, par des méandres sinueux, en des gorges insoupçonnées, s'oriente à main gauche et semble prétendre à quelque école buissonnière..., ce n'est point pour nous déplaire. Aussi bien le mystère éveille-t-il souvent la curiosité, et la nôtre est servie à souhaits, si d'aventure nous suivons des yeux ce petit bras de rivière qui s'avance zigzaguant dans les coudes brusques des terres, et va baigner d'une part les domaines de Toulven, de l'autre ceux de Penfrat et de Lanroze, tantôt

s'épanouissant en
larges lacs bordés
de hêtres et de
chênes, tantôt s'é-
trécissant au mi-
lieu de sapins som-
bres, aux pieds
desquels miroite le
reflet huileux de
marécages em-
broussaillés d'a-
jonc.

Cette ramifica-
tion imprévue, in-
soupçonnée de
l'Odet, s'appelle

LES VIRECOURTS A KÉREMBLEIZ

KÉREMBLEIZ

l'anse de Saint-Cadou, et tient
son nom d'une petite chapelle
voisine perdue dans les bois ; so-
litaire à l'ordinaire, mais pas
ignorée, car certain jour d'août,
on y vient de fort loin, de
Fouesnant, même de Scaer, y
disputer les luttes populaires
dont les vainqueurs remportent
beaucoup de gloire, très peu
d'argent et des prix en nature
sous forme de volailles et d'a-

[13]

nimaux domestiques..., mais revenons à la douce et pittoresque « Odet » qui, d'aventure s'anime.

Parfois, on croise des barques chargées à couler bas, parfois ce sont des chasse-marées venus d'Audierne, de Paimpol ou d'Angleterre, avec des cargaisons de planches, de barriques ou de minerai.

Au chant rêveur des mousses à bord, à la plainte de voiles qui grincent en glissant le long des mâts, il arrive qu'un « pot » (1) déguenillé, hirsute, réponde du rivage par une mélopée rauque et simple, ou siffle éperdûment.

LES VIRECOURTS, VUE PRISE DE KÉREMBLEIZ

Cependant le riant aspect du cadre se transforme et, tandis que les eaux paisibles s'apprêtent à tourbillonner au sein des virecourts, les berges se font abruptes, des roches brunes émergent, ceintes de chapelets de goëmons.

------

(1) " Pot " en Breton, veut dire « *petit garçon* ».

LE SAUT DE LA PUCELLE — LES VIRECOURTS — LA CHAISE DE L'ÉVÊQUE

Le *Terfel* ralentit sa marche et lutte avec les courants adverses de l'Odet qui s'apprête à la révolte.

Le lit s'est rétréci, sa profondeur augmente, de part et d'autres les collines deviennent des monts escarpés : La lande sauvage dispute aux sapins sombres une terre appauvrie ; les ronces font des buissons inextricables.

Soudain..., par une échancrure de la futaie, monte en pente douce la pelouse verte d'un vallon jusqu'à Kérembleiz (1), château de grande allure, édifié sur un faîte sévère que, jadis, habitaient les loups.

Le *Terfel* avance et le chaos des berges tourmentées reprend, persiste de plus belle. Un rocher abrupt apparaît sectionné, net, comme un pan de mur surplombant à pic la rivière. " Le Saut du Moine ". La légende veut qu'au temps passé, un moine ait poursuivi, dans cette âpre région, une jeune bergère. Celle-ci préférant la mort au déshonneur, courut vers l'Odet et se précipita du haut de ce rocher..., mais une puissance inconnue, aussi chaste que pitoyable, la transporta

---

(1) Kérembleiz, en Breton, veut dire " *maison des loups* ".

sur la rive opposée, tandis que le moine importun
et sacrilège entraîné par l'élan de sa poursuite
tombait à la rivière et disparaissait à l'endroit
précis où se creuse encore aujourd'hui un inson-
dable tourbillon.

ROSSULIEN

POINTE DE LANHURON

Au second virecourt, une
autre roche étrange affecte la forme
d'un siège gigantesque que la tradi-
tion et les pieux usages considèrent
comme étant la " Chaise de
l'Évêque ", puis c'est la pointe des
" Trois-Feux ".

A cet endroit, l'angle de la rivière est si aigu, si brusque, que les deux rives paraissent se rejoindre. Les Espagnols, au xvie siècle, s'y trompèrent et bien que venus jusque-là, rebroussèrent chemin, croyant impossible d'aller plus avant.

« La Fontaine des Espagnols », une source qui jaillit au fond d'une crique voisine, perpétue, de par son nom, le souvenir de cet événement.

Gouesnach! Les rives s'écartent, la rivière s'élargit. Le *Terfel* longe le magnifique parc du Pérennou au milieu duquel on voit les ruines curieuses d'une villa romaine, puis passe à proximité de Kérousien aux jardins à la française, que limite vers la grève un muretin tout lézardé.

Mais voici qu'à main droite, véritable pendant de l'anse de Saint-Cadoc, s'offre à nos regards émerveillés, l'estuaire de l'anse de Combrit, majestueux golfe aux larges étendues d'eau, arrondi comme un bras qui s'enlace autour de collines chevelues de chênes et de sapins.

Dans la pénombre discrète d'une épaisse futaie, se devine à peine Lestrémeur, vieux manoir séculaire aux lézardes immuables, que protège un lierre vigoureux.

Madame de Sévigné vécut jadis à Lestrémeur. Elle en data quelques-unes de ses lettres, elle y laissa comme un délicat parfum, le souvenir de son impérissable personnalité.

... Si vous alliez au fond des choses... au fond de l'anse, par de là les collines abruptes hérissées de landes, le clocheton de la Clarté vous apparaîtrait.

La Clarté! Lieu touchant de pèlerinage d'où montent vers le Ciel les ferventes prières de ceux que menace la cécité; d'où s'élèvent les poignantes supplications de ceux qui, privés de la vue, veulent voir à nouveau.

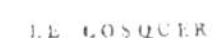

[19]

La Clarté! on y rencontre aussi les filles à marier, jeunes ou vieilles, belles ou laides; les chastes et naïves mœurs de la Bretagne bretonnante ne sauraient être offusquées de cette foire à l'épousaille.

... Nous voici loin encore une fois des rives entre lesquelles avance le *Terfel*; reprenons notre poste sur la dunette, d'autant que c'est désormais l'estuaire de l'Odet; la rivière s'épanouit

KEROULIN

comme un lys qui s'entrouvre et les berges boisées, s'enfuient, rapides, aux horizons se perdant dans la brume, tandis que la nappe imposante des flots miroite au soleil.

Au loin, vers l'Océan, se profilent les silhouettes élégantes des villas de Bénodet, les chalets échelonnés sur les coteaux de " Sainte-Marine "; dans les anses de Rozaven et de Penfoul, des yachts au corps de cygne se balancent selon le gré des lames irisées.

[20]

KERGAÏT, VUE PANORAMIQUE DE BÉNODET

C'est le rayon de soleil après le ciel d'orage et la vision moderne succédant à l'évocation du passé. Plus de sites grandioses ni sévères, mais un panorama riant et baigné de lumière, presque méditerranéen.

Dès lors, nous avons laissé à notre gauche la forêt opaque aux cimes pommelées au milieu de laquelle se dresse, moyennageux, le manoir du Kergos, ceint de vieux murs, coiffés de mousse et de broussaille où les chats-huants font leur nid !.....

BÉNODET, VUE PRISE DE SAINTE-MARINE

Et tandis que le *Terfel* accoste la cale de Bénodet (étape du voyage) on débarque étonné, ravi,
encore sous l'impression de ce charme prenant, doux et mystérieux qui est un des secrets, de l'irré-
sistible séduction exercée par la Bretagne sur tous ceux qui viennent la visiter.

Pierre SOUVESTRE.

CRÊPES A DENTELLE

Spécialité de Quimper
Le meilleur Dessert

Chez Mme TANGUY
14, Place Terre-au-Duc, QUIMPER

CONCARNEAU

JÉGOUDEZ
en face la station Pont-Aven

PATISSERIE § CONFISERIE
Spécialité de Gâteaux Bretons

TEA ROOM

NORMAND JEUNE
DISTILLATEUR

GRANDE FINE
RHÜYS

VANNES (Morbihan)

[34]

ADRESSES RECOMMANDÉES

FÊTES PATRONALES ET PARDONS

MAI & JUIN

Saint-Jean-du-Doigt (Quimperlé), les 23 et 24 juin.
Saint-Éloi (Baye), le 24 juin.
Plougastel-Daoulas, le 29 juin.
Saint-Tugen, avant-dern. dim. de juin.
Toulfoën (Quimperlé), Pardon des Oiseaux, le lundi de la Pentecôte.
Pardon de Saint-Herbot (Huelgoat), le vendredi après la Pentecôte.
Rumengol, le dimanche de la Trinité.
Dirinon-Sainte-Nonne, le 2ᵉ dimanche après la Fête-Dieu.

JUILLET

1ᵉʳ Dimanche.

Mère de Dieu (Quimper).
Saint Nona (Penmarc'h).
Saint Collodan (Plogoff).
Confort (Meilars).
Plogastel-Saint-Germain.
Riec-sur-Bélon, le 1ᵉʳ lundi.

2ᵉ Dimanche.

Tromenie (Locronan).
Plonivel (Plobannalec).
Sainte Marine (Combrit).
N.-D. de Populo (Landudal).
Saint Eloi (Rosporden).
Rédéné (Quimperlé).

3ᵉ Dimanche.

Pardon des Carmes (Pont-l'Abbé).
N.-D. du Bon-Secours (Pointe-du-Raz)
Ile Tudy.
Gouesnac'h (Fouesnant).
Minfouez (Quimper).

4ᵉ Dimanche.

Saint Fiacre (Le Faouët).
Ile Tudy.

Le dernier Dimanche.

Saint Thurien (Plogonnec).
Saint Anne (Guilvinec).
Sainte Anne (Fouesnant), le 26 juillet; se termine le dimanche suivant.
Ste-Anne-d'Auray, les 25 et 26 juillet.
Fête de Concarneau, en juillet.

AOUT

1ᵉʳ Dimanche.

N.-D. des Cieux (Huelgoat), 3 jours.
Saint Pierre de Cuzon (Quimper).
Plobannalec.
Le Folgoët.
Peyben (lundi et mardi, courses).
Bénédiction de la Mer (Douarnenez).

2ᵉ Dimanche.

Perguet (Bénodet).
Guilers.

15 Août.

Quimper (Fête patronale).
Pont-Croix.
Le Folgoët.
Plougastel-Daoulas.
N.-D. de la Clarté (Beuzec-Cap-Sizun), dimanche qui suit le 15 août.

Le dernier Dimanche.

Pardon des Portes (Châteauneuf-du-Faou).
Saint-Jean-Trolimon.
Pouldreuzic.

Sainte-Anne-la-Palue.
Tréboul : Bénédiction de la Mer (date variable).
Concarneau : Fête des Filets bleus, a généralement lieu en août.

SEPTEMBRE

1ᵉʳ Dimanche.

N.-D. de Bon-Secours (Bénodet).
N.-D. de Roc-Amadour (Camaret).
Elliant.
Minfouez (Quimper).
Saint Fiacre (Tréffiagat).

2ᵉ Dimanche.

Kerdévot (Quimper).
La Clarté (Combrit).
Plonéour (Pont-l'Abbé).
N.-D. de Trémalo (Nizon).

8 Septembre.

Rumengol (Le Faou).
Bannalec.
Lanviot (Riec-sur-Bélon).

3ᵉ Dimanche.

Tronoan (Saint-Jean-Trolimon).
N.-D. de Bon-Secours (Trégunc).
Saint Guido (Loctudy).
Pont-Aven.

4ᵉ Dimanche.

N.-D. de Tréminou (Pont-l'Abbé).
St-Cadou (Quimper). Luttes la veille.
Saint Mathieu (Bannalec).

Le dernier Dimanche.

Saint Hervé (Gourin).
Quimperlé, le dimanche le plus près du 29 septembre.

Imp. Oberthur, Rennes (527-10).